AF357883

AUX AMIS DE MON PÈRE

CHÉRUY Fils.

PAROLES D'ADIEU

Prononcées par M. BALLOT, Maire de Taissy

Le 3 Septembre 1889

Sur la tombe de M. CHÉRUY-LINGUET

Instituteur en retraite à Taissy

Mesdames,

Messieurs,

L'homme de bien auquel nous avons aujourd'hui la douleur de rendre les derniers devoirs a été si longtemps et si intimement mêlé à notre vie à tous, comme instituteur, secrétaire de mairie et comme ami, que je regarde comme un devoir et une dette de vous rappeler en quelques mots les qualités qui lui avaient concilié notre estime et notre affection.

Une crainte m'arrête dès le début, c'est de ne pas trouver des paroles assez éloquentes pour esquisser des souvenirs qui sont encore vivants dans la mémoire de la plupart d'entre vous.

Pendant vingt ans, Chéruy a dirigé l'école de Taissy avec un dévouement qui n'avait d'égal que la douceur et la bienveillance dont il faisait preuve envers les enfants confiés à ses soins. L'empressement qu'ils mettaient à se rendre en classe disait assez qu'ils considéraient leur maître comme un ami qui leur était profondément attaché. Et d'ailleurs, vous le savez tous, Chéruy n'était pas un instituteur ordinaire : des études sérieuses et complètes l'avaient consciencieusement préparé à un rôle qu'il regardait comme un apostolat, rôle qu'il avait rempli avec tant de zèle et de distinction que, sur le rapport de M. l'Inspecteur, le Conseil général lui avait décerné la médaille d'or attribuée à l'école la mieux tenue de l'arrondissement de Reims.

Comme secrétaire de mairie, vous l'avez tous connu empressé à rendre service, plein de discrétion et d'obligeance; et moi-même, dans la néfaste année 1870, n'ai-je pas trouvé en lui un collaborateur intelligent et dévoué ?

Sa vie privée, qu'en dire autre chose que ce que j'en ai dit dans une autre circonstance ? qu'elle s'écoulait paisible, honorable, toute chrétienne, pouvant servir d'exemple à tous.

Mais pourquoi fallait-il qu'une carrière si utile, si noblement parcourue, fut un jour brisée par l'ingratitude et par ces idées subversives qu'on est convenu, par euphémisme, d'appeler les idées modernes? Les faits parlent assez par eux-mêmes pour que je me contente de les rappeler sommairement.

Sous prétexte de liberté de conscience, mais en réalité pour opprimer la conscience des catholiques et constituer une neutralité hypocrite et mensongère, l'article 7 venait de faire son apparition. C'était un défi impudent jeté à la face de tous les honnêtes gens, un défi qui avait révolté toutes les consciences. L'indignation de tous les catholiques, de beaucoup de vrais libéraux, ne tarde pas à se manifester par un vaste pétitionnement que couvrent bientôt de nombreuses signatures. La pétition est présentée à Chéruy ; il la signe sans hésiter... Aussitôt il est dénoncé, on l'accuse même d'avoir colporté la dite pétition. On ouvre une enquête, on reconnaît la dénonciation inexacte ; mais qu'importe, on y donne suite. On ne donne pas à Chéruy le temps matériel pour se disculper ; on n'a garde de laisser échapper pareille aubaine. Quelle joie pour les sectaires de manifester leur haine en frappant un instituteur catholique et chrétien ! Et ce brave et dévoué maître, qui avait refusé des postes supérieurs et même le grade d'inspecteur pour rester parmi nous, est envoyé en disgrâce dans un des plus petits postes du département, un poste de débutant.

Ah ! Messieurs, à notre époque où les caractères sont tellement affaissés qu'on a perdu la notion morale de la justice et de la dignité, se rend-on suffisamment compte de l'infamie de la délation, qui est devenue un moyen de gouvernement. Espérons pour les dénonciateurs de Chéruy, croyons pour leur honneur qu'ils étaient inconscients de la lâcheté qu'ils commettaient, de la responsabilité qu'ils encouraient et du tort irréparable qu'ils allaient causer à un honnête homme.

Chéruy fut vite apprécié dans son nouveau poste, il y gagna de suite l'estime et la sympathie des habitants, et quand plus tard l'administration, reconnaissant sa faute et son injustice, l'autorisa à revenir à Taissy, il préféra, malgré tous les désavantages pécuniaires, y attendre l'heure de sa retraite.

Rendu à la vie privée, Chéruy était vivement recherché des familles pour donner des répétitions aux enfants, qu'on remettait avec confiance entre ses mains. Les meilleures et les plus nobles familles de Reims se le disputaient ; et c'est en se consacrant tout entier à ces nouvelles occupations qu'il vit poindre les premiers symptômes de la maladie qui l'a enlevé trop tôt à l'affection des siens, à l'estime des honnêtes gens.

Quelle fermeté de convictions ! Quel attachement à ses principes ! Si on lui disait que peut-être il avait eu tort de compromettre sa position : « Non, répondait-il sans hésiter, ce serait à refaire que je recommencerais. »

Ils sont rares aujourd'hui, Messieurs, les hommes assez indépendants pour ne pas sacrifier leurs principes à leur position !

Inclinons-nous et saluons une dernière fois cet ouvrier de la première heure, ce chrétien sans peur et sans reproche. Quand la mort vient briser à tout jamais les liens d'affection qui unissent une famille, on se sent bien impuissant à offrir des consolations efficaces, de ces consolations banales qu'on ne peut puiser que dans l'affluence des personnes qui viennent donner à la famille une marque d'estime, adresser au défunt un suprême adieu !

Mais je sais que je m'adresse à une famille chrétienne qui a appris à détacher ses regards de la terre pour les élever vers la céleste patrie, où elle espère un jour revoir celui qu'elle a tant aimé ici-bas. Je sais qu'elle ne regarde la mort que comme le commencement d'une autre vie, où son cher défunt est entré escorté de ses bonnes œuvres.

Sa meilleure consolation, elle la trouvera dans ces paroles si pleines de promesses de Notre Seigneur Jésus-Christ, et qu'elle peut avec tant de raison appliquer au cher objet de sa tendresse :

« *Celui*, a-t-il dit, *qui me reconnaîtra devant les hommes, moi aussi je le reconnaîtrai devant mon Père qui est au Ciel !* »

Quinze jours après avoir prononcé ces paroles émues sur la tombe de son ami, M. Ballot, lui aussi, tombait frappé subitement, et jour pour jour, heure pour heure, le 17 septembre 1889, des discours éloquents et chrétiens retraçaient et nous faisaient voir en lui les qualités et les vertus qu'il avait si bien décrites quinze jours auparavant.

Ne vous semble-t-il pas que c'était à ces deux hommes que saint Jude s'adressait dans son épitre aux chrétiens du monde entier, lorsqu'il leur écrivait : « *Vos autem, carissimi, superædificantes vosmet ipsos sanctissimæ vestra fidei…, in dilectione Dei servate, exspectantes misericordiam Domini nostri Jesu Christi in vitam æternam.* »

12016 — Imprimerie coopérative de Reims (N. Monce, dir.), rue Pluche, 24.